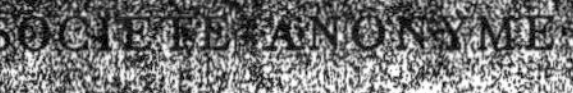

SOCIÉTÉ ANONYME

DES ARTISTES PEINTRES, SCULPTEURS, GRAV...

PREMIÈRE

EXPOSITION

1874

35, Boulevard des Capucines, 35

CATALOGUE

Prix : 50 centimes

L'Exposition est ouverte du 15 avril au 15 mai 1874,
de 10 heures du matin à 6 h. du soir et de 8 h. à 10 heures du soir.
PRIX D'ENTRÉE : 1 FRANC

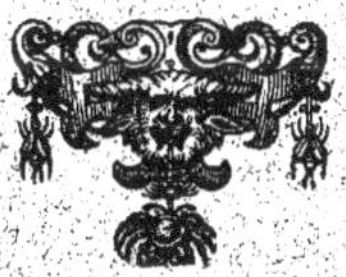

PARIS

IMPRIMERIE ALCAN-LÉVY
61, RUE DE LAFAYETTE

1874

SOCIÉTÉ ANONYME

DES ARTISTES PEINTRES, SCULPTEURS, GRAVEURS, ETC.

PREMIÈRE

EXPOSITION

1874

35, Boulevard des Capucines, 35

CATALOGUE

Prix : 50 centimes

L'Exposition est ouverte du 15 avril au 15 mai 1874,
de 10 heures du matin à 6 h. du soir et de 8 h. à 10 heures du soir.
PRIX D'ENTRÉE : 1 FRANC

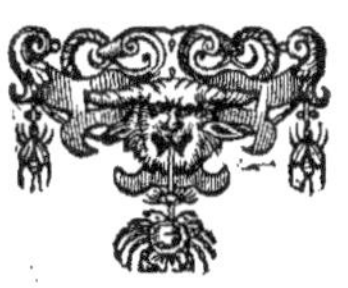

PARIS

IMPRIMERIE ALCAN-LÉVY

61, RUE DE LAFAYETTE

1874

Une fois les ouvrages rangés par grandeur, le sort décidera de leur placement.

(Extrait du règlement d'exposition.)

Exposition de 1874

CATALOGUE

A S T R U C (Zacharie)

5, rue d'Arcet (Batignolles), Paris.

1. Le Bouquet à la Pénitente.
   Aquarelle.

2. La Leçon du vieux Torrero.
   Aquarelle.

3. *Cadre de figures contenant* :
   Dames flamandes à leur fenêtre.
   Scène de Somnambulisme.
   Enfants flamands dans une serre.
   Poupées japonaises.
   Les Présents chinois (Londres).
   Intérieur parisien.
   Aquarelles.

4. *Cadre de paysages renfermant* :
   Estaminet dans les Flandres.
   Jardins de Schaerbeck.
   Intérieur d'estaminet.
   Étang de Saint Josse-ten-Noode (Flandres).

5. Les Poupées blanches (Japon).

6. Le Ménage mal assorti.

ATTENDU *(Antoine-Ferdinand)*

3, rue des Fossés-Saint-Jacques, Paris.

7. Nature morte.

> Appartient à M. A. Q.

8. Un fin Connaisseur.

9. Quelques réflexions (au XIIIe arrondissement).

10. Nature morte : *Musique.*

> Aquarelle.

11. Nature morte : *Cuisine.*

12.   Id.   id.

> Aquarelles. Appartiennent à M. J. D.

✠

BELICARD *(E.)*

Chez M. Martin, marchand de tableaux, rue Laffitte, 52.

13. Le Fort de la Halle.

> Appartient à M. D.

14. Saules.

15. Rue de l'Hermitage, à Pontoise.

16. Vallée d'Auvers.

✠

BOUDIN (Eugène)

31, rue Saint-Lazare, Paris.

17. Le Toulinguet, côtes de Camaret (Finistère).

18. Rivage de Portrieux (Côtes-du-Nord).

19.   Id.   id.

20. 4 Cadres (même numéro). Études de ciel.
   Pastels.

21. 2 Cadres (même numéro). Études diverses.
   Pastels.

22. 4 Cadres (même numéro). Plage de Trouville.
   Aquarelles.

❀

BRACQUEMOND (Félix)

11, Villa Brancas, à Sèvres, Seine-et-Oise.

23. Portrait.
   Dessin.

24. *Cadre d'eaux-fortes :*
   Portraits de MM. Robert.
                    Meyer Heine.
                    Hoschedé.
                    Edwards.
                    Aug. Comte.
                    Ch. Kean.
                    A. Legros.
                    Meryon.

Portraits de MM. Th. Gauthier.
Th. Gautier (le Tombeau).
Baudelaire.
Madame Granger.
D'après Ingres.

25. *Cadre d'eaux-fortes :*

La Locomotive.
D'après Turner. (Planche non terminée.)

Le Lièvre.
D'après A. de Belleroy.

Le Divan.
D'après Manet.

Le Tournoi.
D'après Rubens.

La Source.
D'après Ingres. Etude de gravure.

La Servante.
D'après Leys.

26. *Cadre d'eaux-fortes.*

Les Saules.

Les Arbres de la manufacture à Sèvres.

Les Charmes.

Les Bouleaux.

La Montée de Bellevue.

Le Mur.
Pointe sèche.

Les Bachots.
Pointe sèche.

27. *Cadre d'eaux-fortes :*

Le Chemin du parc.

Frontispice pour les *Fleurs de mal.*

Margot la critique.

Bois de Boulogne.

La Mort de Matamore (*Capitaine Fracasse*).

28. *Cadre d'eaux-fortes* :

Portrait d'Erasme.

D'après Holbein.

Premier état.

État définitif.

ↃↃ

B R A N D O N *(Édouard)*

77, rue d'Amsterdam, à Paris.

29. Première Lecture de la Loi.

30. Portrait de M. A. Z.

Dessin.

31. Aquarelles.

32. Exposition du corps de Sainte-Brigitte à Rome, en 1392.

Carton fusain.

32 *(bis)*. Le Maître d'école.

B U R E A U (*Pierre-Isidore*)

5g, rue de Turenne, Paris.

33. Le Clocher de Jouy-le-Comte.

34. Près de l'étang de Jouy-le-Comte.

35. Bords de l'Oise (Isle-Adam), Clair-de-Lune.

35 *bis*. Clair-de-Lune.

✠

C A L S (*Adolphe-Félix*)

Chez M. Martin, rue Laffitte, 52, Paris

36. Portrait de Madame Ed. G.

37. Le bon père Pêcheur à Honfleur,
     Appartient à M. M....

38. Vieux Pêcheur.
     Appartient à M. R...

3g. Paysage.
     Appartient à M. H...

40. Bonne Femme tricotant.

41. Fileuse.

✠

C E Z A N N E *(Paul)*

120, rue de Vaugirard, Paris

42. La Maison du Pendu, à Auvers-sur-Oise.

43. Une moderne Olympia.
   Esquisse. Appartient à M. le Dr Gachet.

44. Étude : Paysage à Auvers.

꒰꒱

C O L I N *(Gustave)*

14, rue Fontaine, Paris

45. Haurra-Maria.

46. La Maison du Charpentier.

47. L'Étang aux poules d'eau.

48. Marchandes de poissons de Fontarabie (Espagne).

49. Entrée du port de Pasages (Espagne).

꒰꒱

DEBRAS (Louis)

18, rue de Chabrol, Paris

50. Un Paysan.

Étude.

51. Une Nature morte.

52. San Juan de la Rapita (Espagne).

Dessin.

53. Rembrandt dans son atelier.

DEGAS (Edgard)

77, rue Blanche, Paris

54. Examen de danse au théâtre.

Appartient à M. Faure.

55. Classe de danse.

Appartient à M. Brandon

56. Intérieur de Coulisse.

Appartient à M. Rouart.

57. Blanchisseuse.

Appartient à M. Brandon.

58. Départ de Course.

Esquisse. Dessin.

59. Faux Départ.

> Dessin à l'essence.

60. Répétition de ballet sur la scène.

> Dessin. Appartient à M. Mulbacher.

61. Une Blanchisseuse.

> Pastel. Appartient à M. Brandon.

62. Après le bain.

> Étude. Dessin.

63. Aux Courses en province.

> Appartenant à M. Faure.

⌘

GUILLAUMIN (Jean-Baptiste)

120, rue de Vaugirard, Paris

64. Le Soir.

> Paysage.

65. Temps pluvieux.

> Paysage.

66. Soleil couchant à Ivry.

> Appartenant à M. le docteur Gachet.

⌘

L ʌT O U C H E (Louis)

12, rue de La Tour-d'Auvergne, Paris

67. Clocher de Berck (Pas-de-Calais).

68. Vue des Quais (Paris).

69. La Plage, marée basse à Berck (Pas-de-Calais).

70. Sous bois.

⊃⊄

L E P I C (Ludovic-Napoléon)

46, rue de La Rochefoucauld, Paris

74. L'Arrivée de la marée à Cayeux.

    Aquarelle.

75. La Pêche.

    Étude en pleine mer Aquarelle.

76. Golfe de Naples.

    Aquarelle.

77. Le Départ pour la pêche du hareng.

    Aquarelle.

78. L'Escalier du château d'Aix en Savoie.

    Eau-forte.

79. César.

    Portrait de chien. Eau-forte.

80. Jupiter.

    Portrait de chien. Eau-forte.

⊃⊄

L E P I N E (Stanislas)

12, rue des Rosiers (Montmartre), Paris

81. Le canal Saint-Denis.

> Appartient à M. Sporck.

82. La rue Cortot.

> Appartient à M. Brullé.

83. Bords de la Seine.

> Appartient à M. M...

ᴔ

L E V E R T (Jean-Baptiste-Léopold)

Chez M. H. R..., rue de Lisbonne, 34, Paris

84. Bords de l'Essonne.

85. Le Moulin de Touviaux.

86. Près d'Auvers.

ᴔ

MEYER (Alfred)

38, rue de Dunkerque, Paris

87. Estienne Marcel, prévôt des marchands.
  Émail.

88, Doña Maria Pacheco, épouse de Don Juan de Padilla, chef de l'insurrection, qui avait pris le nom de Sainte Ligue des communes sous Charles-Quint.
  Émail.

89. Le Firmament.
  D'après Émile Lévy. Émail.

90. Figure d'après Raphaël.
  Émail.

91. Id. Id.
  Émail.

91 *bis.* Idylle.
  Dessin.

DE MOLINS (Auguste)

Chez M. Marchand, 13, rue Neuve-des-Petits-Champs, à Paris, et 17, route du Calvaire, à St-Cloud.

92. The Comming Storm.

93. Rendez-Vous de chasse.

94. Relai de chiens.

94 *bis.* Rendez-Vous de chasse.

M O N E T (*Claude*)

A Argenteuil (Seine-et-Oise).

95. Coquelicots.

96. Le Havre : *Bateaux de péche sortant du port.*

97. Boulevard des Capucines.

98. Impression, *Soleil levant.*

99. Deux croquis.
> Pastel.

100. Deux croquis.
> Pastel.

101. Deux croquis.
> Pastel.

102. Un croquis.
> Pastel.

103. Déjeuner.

Mademoiselle M O R I S O T (*Berthe*)

7, rue Guichard, Passy-Paris

104. Le Berceau.

105. La Lecture.

106. Cache-Cache.
> Appartient à M. Manet.

107. Marine.

108. Portrait de Mademoiselle M. T.
       Pastel.

109. Un Village.
       Pastel.

110. Sur la Falaise.
       Aquarelle.

111. Dans le Bois.
       Aquarelle.

112. . . . .
       Aquarelle.

MULOT - DURIVAGE

13, rue Neuve-le-Berry, au Havre (Seine-Inférieure)

113. Barques à plomb.
114. La Rampe.

DE NITTIS (Joseph)

64, avenue Uhrich, Paris

115. Paysage près de Blois.
116. Lever de lune. Vésuve.
117. Campagne du Vésuve.
118. Études de femme.
118 *bis*, Route en Italie.

OTTIN *(Auguste-Louis-Marie).*

9, rue Vincent-Compoint (18e arrondissement), Paris.

119. **Amour et Psyché.**
Groupe marbre.

120. **Acis et Galathée.**

121. **Jeune Faune.**

122. **Nymphe chasseresse.**
Réductions en bronze des sculptures décoratives de la fontaine Médicis, au Luxembourg.

123. **Jeune Femme portant un vase.**
Terre cuite.

124. **Id.** id.
Terre cuite.

125. **Buste.**
Terre cuite.

126. **Buste de Ingres.**
Réduction en plâtre.

127. **Le Dernier Mousse du Vengeur.**
Plâtre.

128. **Buste de M. B***.**
Terre cuite.

OTTIN *(Léon-Auguste)*

2, rue Bervic (18e arrondissement), Paris.

129. **Après la messe à la campagne.**

130. **Au Château (Sannois).**

131. **La Butte Montmartre, versant sud.**

132. La Fête chez Thérèse.

> Projet de rideau de théâtre. — Aquarelle

133. Une Bergerie sans moutons.

> Lithographie.

134. At home.

> Appartient à M. T. N.

135. Mariette.

> Tête d'étude.

✴

PISSARRO (Camille)

26, rue de l'Hermitage, à Pontoise (Seine-et-Oise).

136. Le Verger.

137. Gelée blanche.

138. Les Chataigners à Osny.

139. Jardin de la ville de Pontoise.

140. Une Matinée du mois de juin.

✴

RENOIR (Pierre-Auguste)

35, rue Saint-Georges, Paris.

141. Danseuse.

142. La Loge.

143. Parisienne.

144. Moissonneurs.

145. Fleurs.

146. Croquis.
     Pastel.

147. Tête de femme.

⸎

R O U A R T (*Stanislas-Henri*)

34, rue de Lisbonne, Paris.

148. Ferme bretonne.

149. Levée d'étang.

150. Vue de Melun.
     Appartient à M. J. D.

151. Village.

152. Forêt.

153. Route bretonne.

154. Ferme bretonne.
     Aquarelle.

155. Maisons béarnaises.
     Aquarelle.

156.   Id.
     Aquarelle.

157. Eau-forte.

158.   Id.

⸎

ROBERT (*Léopold*)

A Barbizon (Seine-et-Marne), et à Paris, 12, rue Linné.

159. Jeunes filles dans les foins en fleurs.

160. Cadre.

Aquarelles

SISLEY (*Alfred*)

2, rue de la Princesse, à Voisins-Louveciennes.

161. Route de Saint-Germain.

Appartient à M. Durand-Ruel.

162. Ile de la Loge.

Appartient à M. Durand-Ruel.

163. La Seine à Port Marly.

164. Verger.

165. Port Marly, soirée d'hiver.

S'adresser

POUR TOUS LES RENSEIGNEMENTS

ET LA VENTE DES ŒUVRES EXPOSÉES,

au siége même de l'Exposition, 35, Boulevard des Capucines (au premier), de 10 heures du matin à 10 heures du soir.

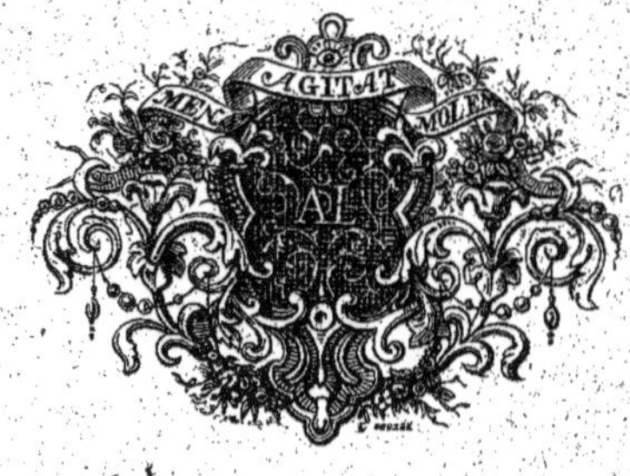

PARIS. — IMPRIMERIE ALCAN-LÉVY, 61, RUE DE LAFAYETTE